Martine I

Ne dérangez pas les dragons !

Père Castor
Flammarion

© Flammarion 1988 — Imprimé en France — ISBN : 2-08-162735-3 — ISSN : 0298-5284

Il y avait une fois, au Moyen Age,
une famille de dragons
qui habitait une grande forêt.
Dragathe, la maman dragon
et Dragaric, son époux,
formaient un couple très uni.

Dragaçant et Dragazouille,
leurs deux enfants,
passaient la journée
à découvrir la forêt.
Ils auraient pu mener ainsi
une vie paisible et tranquille.

Mais c'était sans compter
avec la coutume locale
qui exigeait que chaque chevalier
se mesure avec un dragon pour prouver sa valeur.
Et des chevaliers,
il y en avait une multitude
dans les environs.
Dragaric était sans cesse dérangé
et ne pouvait même plus
déjeuner calmement.

Ce n'est pas possible, j'ai estourbi
dix-huit chevaliers ce matin,
et en voici encore un qui veut se battre.
Et je viens juste de commencer
mon omelette au soufre.
Dragathe, ce métier m'exaspère !

— Vas-y tout de même,
tu n'en as pas pour longtemps !
Je vais tenir ton repas au chaud.
— Qu'est-ce que c'est « exaspère » ?
demanda Dragaçant.
— C'est ce qui agace ton père, mange !

Et Dragaric partit travailler sans entrain.

Pour la dix-neuvième fois de la journée,
Dragaric mit en déroute
un valeureux chevalier.

Dragaric revint,
complètement épuisé...

— Tu en a mis du temps,
ce chevalier était coriace ?

— Pff... Je n'en peux plus !
J'ai le hoquet, je mange trop vite,
et je n'arrive plus à cracher du feu.
Dans ces conditions cela devient dangereux !

Il partit se reposer.
Dragathe le dorlota
et lui apporta le courrier du jour.

Une lettre de ton cousin Dragaz.
Je te la lis ?
— Si tu veux, ma Dragatoune,
je suis si fatigué...

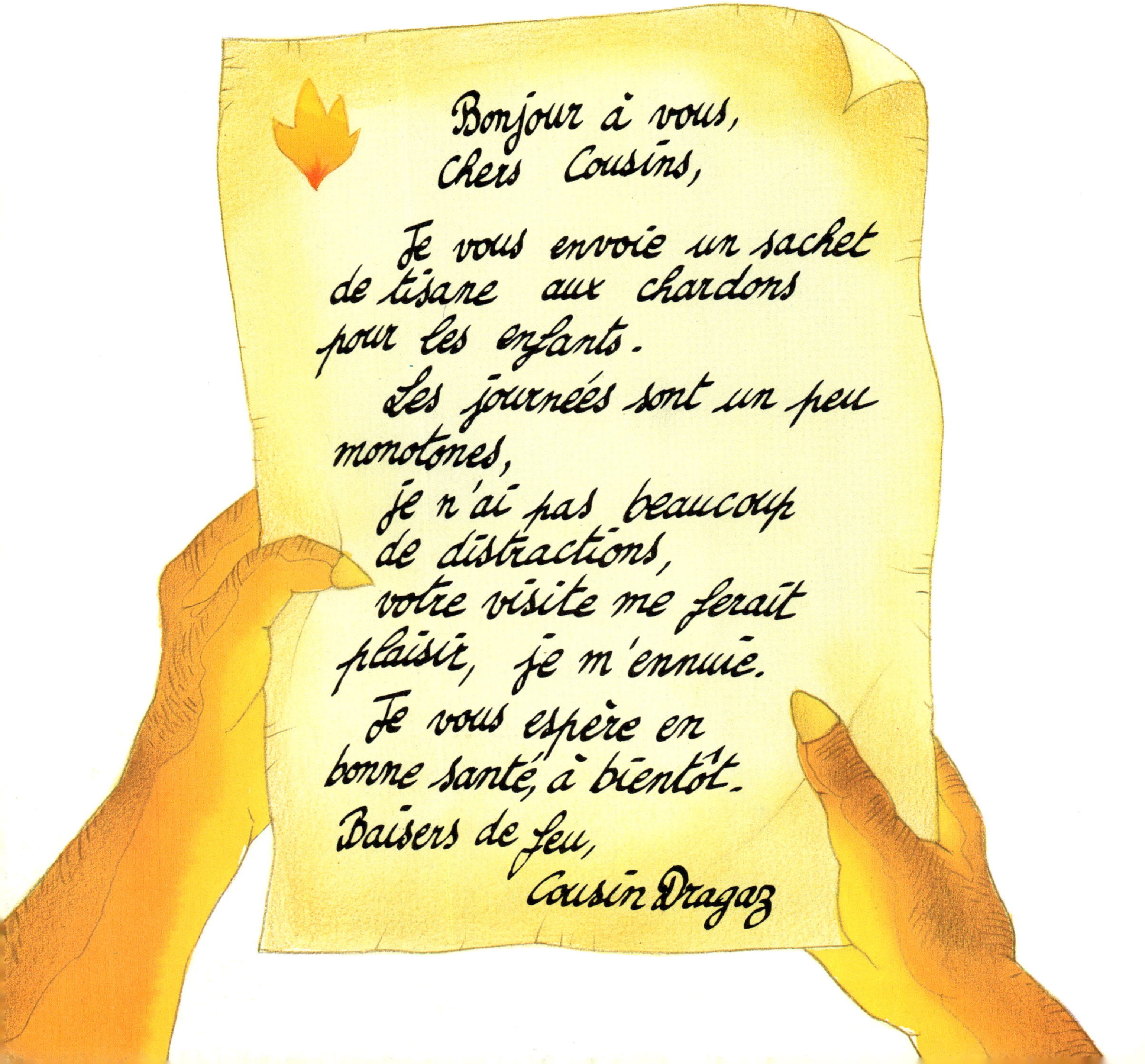

Bonjour à vous,
Chers Cousins,

Je vous envoie un sachet de tisane aux chardons pour les enfants.

Les journées sont un peu monotones,
je n'ai pas beaucoup de distractions,
votre visite me ferait plaisir, je m'ennuie.

Je vous espère en bonne santé, à bientôt.

Baisers de feu,

Cousin Dragaz

Il s'ennuie ! C'est un comble !
Il s'ennuie ! Mais comment fait-il ?
— Allons le voir, mon Dragounet, et il nous dira son secret...

— D'accord, prépare les enfants, on y va.
— C'est quoi « son secret » ? demanda Dragaçant.
— C'est une chose qu'on ne sait pas, lui répondit Dragazouille.

Et le petit dragon pensa que sa sœur ne savait pas grand-chose.

Chez Dragaz,
ils purent déjeuner paisiblement,
et Dragaric questionna son cousin qui répondit :

— C'est bien simple,
je ne « fais plus le dragon » !
Je passe mon temps à dormir au soleil
et à cultiver mon jardin.

Et les chevaliers ? Il n'y en a pas ici ?
— Si, bien sûr,
mais je ne m'en occupe plus.
— Et ils te laissent tranquille ?
— Mais oui, à l'entrée de ma grotte
j'ai affiché un écriteau :
Le dragon est en vacances
revenez dans six mois.

— Et ils reviennent ?

Mais non ! six mois, pour un chevalier énervé
et débordant d'envie de se battre,
six mois, c'est bien trop long !
Alors il quitte la région,
et va se faire tuer ailleurs.

— Qu'est-ce que c'est « vacances » ?
demande Dragaçant.
— C'est quand on arrête son travail
et qu'on se repose au soleil. Voilà.

Dragathe trouva que c'était un joli mot...
et aussi une bonne idée.
Elle décida, qu'elle aussi, serait en vacances,
à partir d'aujourd'hui.

Elle refusa de continuer à aller chercher de l'eau à la rivière, pour éteindre les feux que Dragaric allumait sans s'en apercevoir en éternuant et même la nuit quand il ronflait.

Elle ne voulait plus passer ses journées à préparer des pâtés de hérisson ou des brochettes d'escargot. Elle en avait assez, elle était en vacances.

— Mais nous allons mourir de faim ! s'écria Dragaric. Ma Dragatoune, sois raisonnable !

Regardez, dit tout à coup Dragaz, ce nuage de poussière au loin on dirait une armée en marche... Dragaçant, va voir ce que c'est.
— Oui, cousin, j'y fonce.
Il revint tout essoufflé.
— C'est une armée de chevaliers, ils s'en vont en vacances à la croisade.
— Où c'est « la croisade » ? demanda Dragazouille.
— La croisade, c'est par là, lui répondit son frère.
— Et bien nous aussi nous allons partir en vacances, mais de l'autre côté, nous serons sûrs d'être tranquilles ! décida Dragaric.

Après un long voyage,
ils trouvèrent une île,
une île avec beaucoup de rochers,
une île déserte et sauvage,
une île sans un seul chevalier.

Ils vécurent longtemps, s'étirant au soleil.
Ils apprirent à se régaler des algues
et des richesses de la mer.
Et ainsi Dragathe fut tout le temps en vacances.
Parfois, elle préparait un pâté d'oursin,
juste pour le plaisir...

— Je ne sais pas
à quoi ça ressemble la croisade,
disait Dragaçant,
mais ici c'est beaucoup mieux.

Aujourd'hui, sur l'île des Galapagos,
on trouve des dragons qui ressemblent
à ceux de cette histoire. Ce sont des iguanes.
Leur vie n'a pas beaucoup changé, et,
si on ne les dérange pas, ils profiteront encore longtemps
de leurs vacances au soleil, au bord de la mer...

Aubin Imprimeur, Poitiers — 6-1988 — Dépôt légal : 2e trimestre 1988
Flammarion et Cie, éditeurs (No 15735) — No d'impression P 27387